Noites distantes do Castelo

Todolivro

ERA UMA VEZ UM REI QUE ESTAVA GRAVEMENTE DOENTE, PREOCUPADO POR NÃO TER UM HERDEIRO PARA CUIDAR DE SEU REINO E DE SUA FILHA, A **PRINCESA**. NENHUM PRÍNCIPE ERA BONDOSO O BASTANTE PARA ASSUMIR SEU LUGAR E, A CADA DIA, SUA DOENÇA PIORAVA.

Certo dia, uma **Bruxa Boa** sugeriu que ele e a rainha passassem uma semana sozinhos na mágica Floresta Sombria, onde o encanto das árvores traria uma **solução** aos seus problemas. Sem hesitar, o casal partiu em busca da **cura**.

NA PRIMEIRA NOITE NA FLORESTA, A RAINHA SOLTOU UM GRITO DE ESPANTO AO VER UM URSO ENORME SE APROXIMANDO. O REI TENTOU ENFRENTAR A FERA, MAS SEUS ESFORÇOS FORAM EM VÃO.

De repente, um jovem **valente** e **destemido** surgiu das sombras e **salvou** o casal do perigo.

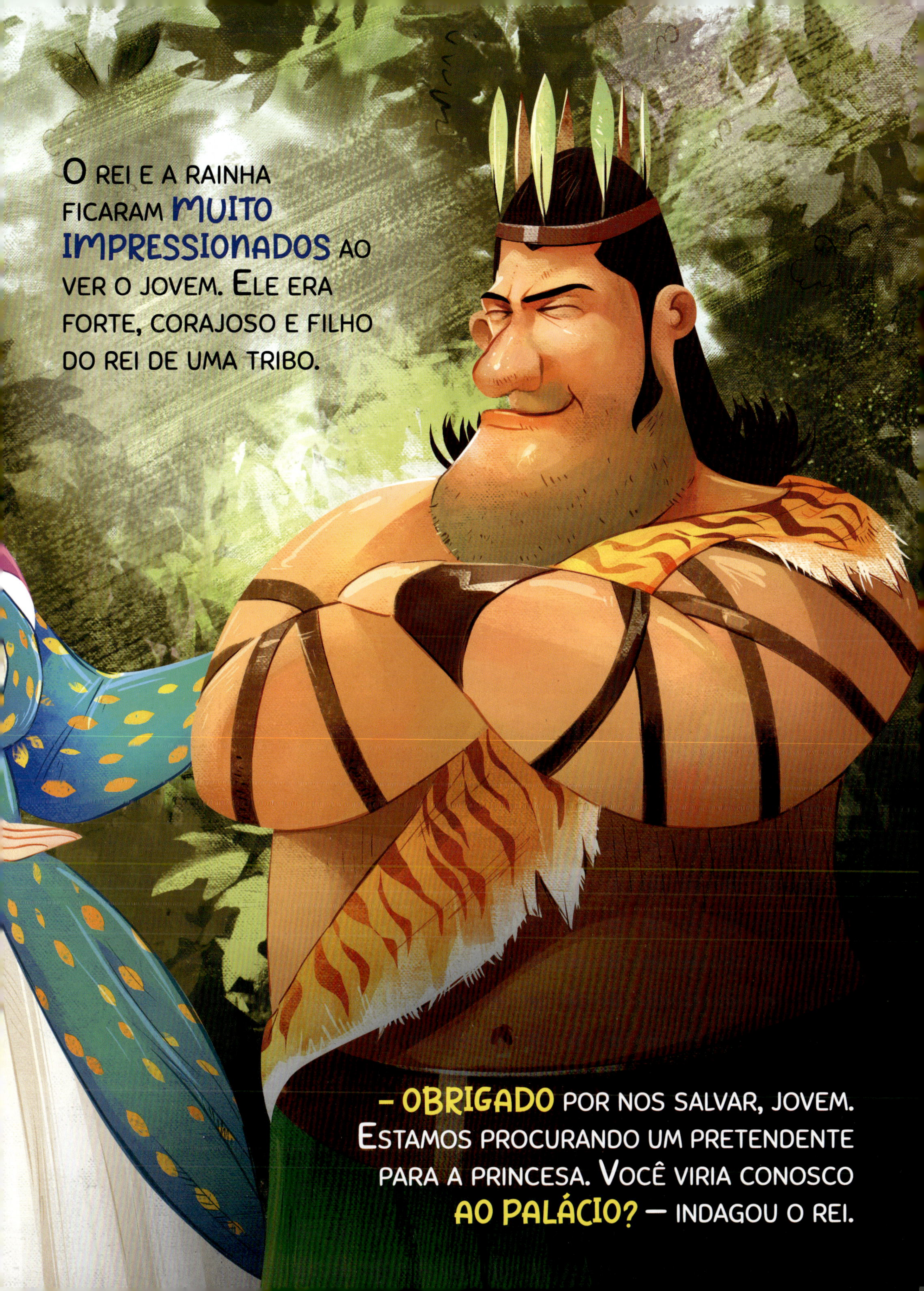

O REI E A RAINHA FICARAM **MUITO IMPRESSIONADOS** AO VER O JOVEM. ELE ERA FORTE, CORAJOSO E FILHO DO REI DE UMA TRIBO.

– **OBRIGADO** POR NOS SALVAR, JOVEM. ESTAMOS PROCURANDO UM PRETENDENTE PARA A PRINCESA. VOCÊ VIRIA CONOSCO **AO PALÁCIO?** — INDAGOU O REI.

— PARA QUE SUA FILHA TENHA A HONRA DE SE TORNAR MINHA NOIVA, ELA DEVE SER DESLUMBRANTE, ALÉM DA MEDIDA, E SE SUBMETER A TODOS OS MEUS CAPRICHOS E EXIGÊNCIAS — DISSE O JOVEM, COM SEU NARIZ ERGUIDO COM ARROGÂNCIA.

LOGO O REI PERCEBEU QUE ESSE JOVEM NÃO POSSUÍA AS **QUALIDADES** NECESSÁRIAS PARA SER UM BOM PRÍNCIPE. ELE ERA **ARROGANTE E IMPIEDOSO**, PREOCUPADO APENAS COM SUAS PRÓPRIAS VANTAGENS PESSOAIS. **COM TRISTEZA**, O SOBERANO TOMOU A DECISÃO DE AFASTÁ-LO.

No segundo dia, o estado de saúde do rei **piorou** drasticamente e a rainha começou a **clamar por ajuda.** Ao ouvir os gritos, um outro jovem apareceu para **socorrê-la.** Ele era o homem mais gentil e forte que ela havia visto.

Ao chegarem ao palácio, o soberano disse:
– Seja o **guardião** de minha filha. Sua cortesia e sabedoria o tornaram o príncipe perfeito.

Ao ouvir os relatos sobre os feitos **heroicos** do jovem em relação aos seus pais, a princesa ficou **encantada** e desejou que ele fosse seu esposo.

Então, eles se casaram, o rei foi curado, e todos viveram **felizes para sempre!**

Rodovia Jorge Lacerda, 5086 - Poço Grande
Gaspar - SC | CEP 89115-100

Tradução: Ruth Marschalek

Revisão: Letícia Maria Klein

IMPRESSO NA CHINA
www.todolivro.com.br

Dados Internacionais de Catalogação na Publicação (CIP)
(Câmara Brasileira do Livro, SP, Brasil)

Noites Distantes do Castelo / [Mammoth World; tradução Ruth Marschalek].
Gaspar, SC: Todolivro, 2023.
(Coleção Valores fundamentais)
Título original: Moral stories: a wise match

ISBN 978-85-376-5137-7

1. Valores - Literatura infantojuvenil I. Mammoth
World. II. Série.

23-160213 CDD-028.5

---

1. Valores : Literatura infantil 028.5
2. Valores : Literatura infantojuvenil 028.5

Cibele Maria Dias - Bibliotecária - CRB-8/9427